Gobernador
Ralph Carr

Defensor de los japoneses-americanos

D1518744

Gobernador Ralph Carr

Defensor de los japoneses-americanos

por E. E. Duncan

Filter Press, LLC
Palmer Lake, Colorado

Gobernador Ralph Carr:
Defensor de los japoneses-americanos

por E. E. Duncan

Publicado por Filter Press, LLC, conjuntamente con las
Escuelas Públicas de Denver y Colorado Humanities

ISBN: 978-086541-116-6
LCCN: 2011924856

Producido con el apoyo de Colorado Humanities y la Fundación
Nacional para las Humanidades. Las opiniones, resultados,
conclusiones o recomendaciones expresadas en esta publicación,
no representan necesariamente las de la Fundación Nacional para
las Humanidades ni las de Colorado Humanities.

La fotografía de la portada es cortesía de History Colorado,
10028117.

Impreso en los Estados Unidos de América

Serie Grandes vidas de la historia de Colorado

Para obtener información sobre los próximos títulos a publicarse, comuníquese con *info@FilterPressBooks.com*.

Helen Hunt Jackson por E. E. Duncan

Little Raven por Cat DeRose

Barney Ford por Jamie Trumbull

Doc Susie por Penny Cunningham

Enos Mills por Steve Walsh

William Bent por Cheryl Beckwith

Charles Boettcher por Grace Zirkelbach

Ralph Carr por E. E. Duncan

Josephine Aspinwall Roche por Martha Biery

Robert Speer por Stacy Turnbull

Chief Ouray por Steve Walsh

Zebulon Pike por Steve Walsh

Clara Brown por Suzanne Frachetti

Contenidos

Se recuerda a Ralph Carr, gobernador de Colorado, como el defensor de los derechos de los japoneses-americanos durante la World War II (Segunda Guerra Mundial). El gobernador Carr tenía un rostro juvenil y redondeado y una gran sonrisa.

Ralph Carr

El gobernador de Colorado, Ralph Carr, se
mantuvo firme en sus convicciones. Durante
la **World War II (Segunda Guerra Mundial),**
los Estados Unidos estaban en guerra con
Japón. La mayoría de los estadounidenses
pensaban que *todos* los japoneses, incluyendo
los **japoneses-americanos**, eran sus enemigos.
Ralph Carr creía que los japoneses-americanos
debían tener los mismos derechos que todos
los demás estadounidenses. La mayor parte de
la gente de Colorado estaba en desacuerdo con
Ralph Carr; sin embargo, él se mantuvo firme
en sus convicciones.

El 7 de diciembre de 1941, aeroplanos
japoneses bajaron en picada del cielo.
Bombardearon **Pearl Harbor**, una base naval
en Hawái. Más de 3.500 trabajadores de la
marina murieron o sufrieron heridas. Barcos,
aeroplanos y edificios fueron destruidos.

A partir de ese momento, se inició la guerra entre Japón y los Estados Unidos. Posteriormente, durante esa guerra, los Estados Unidos pelearía contra Alemania e Italia.

Muchos japoneses vivían en California. La mayoría había nacido en los Estados Unidos y eran ciudadanos estadounidenses. Los Estados Unidos era su hogar y su país. Debido a que los Estados Unidos estaba en guerra con Japón durante la World War II, la gente odiaba a los japoneses y les tenían miedo. Había **prejuicios** y **discriminación** en contra de los japoneses-americanos porque se veían como el enemigo con el que los Estados Unidos peleaba en la guerra.

Ralph Carr creía que a los ciudadanos estadounidenses no se les debía juzgar por su apariencia física. Sabía que todos los ciudadanos estadounidenses tenían derechos. Carr luchó contra los prejuicios y la discriminación a la que se enfrentaron los japoneses-americanos durante la World War II.

Sus primeros años

Ralph Carr nació en el diminuto pueblo minero de Rosita, Colorado, el 11 de diciembre de 1887. Su padre era minero. Durante su niñez, su familia se mudó a un campo minero de extracción de plata en Aspen, y luego a un campo minero de extracción de oro en Cripple Creek. Su padre nunca se hizo rico y la familia era pobre. Las

Cortesía de DPL, Western History Collection, X-703

La cabaña de la familia Carr en Cripple Creek estaba ubicaba detrás de la cabaña de esta foto. La vida en Cripple Creek, Colorado, durante los 1890 era difícil. A la familia Carr le costaba mucho ganarse la vida en el pueblo minero de extracción de oro.

Ralph Carr como un hombre joven.

casas de la familia eran pequeñas cabañas de madera en las montañas. A la edad de seis años, Ralph comenzó a trabajar para ayudar a su familia. Cargaba muestras de oro de las minas y vendía periódicos.

Personas de todo el mundo vivían en los campos mineros de Colorado. Ralph conoció a personas de otros países. Aprendió que los Estados Unidos era un lugar en el que gente de diferentes orígenes y países podía vivir y trabajar en armonía.

Ralph se graduó de la Cripple Creek High School en 1905.

Ralph era un excelente estudiante. Disfrutaba cuando escribía, leía y estudiaba el latín. Se graduó de la Cripple Creek High School (Escuela Preparatoria Cripple Creek) en 1905 y obtuvo una beca para asistir a la University of Colorado (Universidad de Colorado).

Ralph era un muy buen escritor. Escribía artículos para el periódico de la universidad. Sorprendió a todos cuando decidió asistir a la facultad de leyes en lugar de hacerse reportero para el periódico. Recibió su título de abogado en 1912.

La vida en el San Luis Valley
(Valle de San Luis)

Ralph conoció y se enamoró de Gretchen
Fowler cuando ambos estudiaban en la
University of Colorado. Se casaron y
adoptaron a dos niños, Robert y Cynthia.
Se mudaron a la población de Antonito,
Colorado. Ralph trabajaba como abogado.
Aprendió español por sí mismo para ayudar
a la gente de las comunidades hispanas del
San Luis Valley. También conoció gente de la
pequeña comunidad japonesa-americana cerca
de Antonito.

Ralph Carr era un hombre amigable y popular
en su comunidad. Usaba un sombrero de
vaquero y tenía una gran sonrisa. Le encantaba
la naturaleza de Colorado y se relajaba
pescando. A menudo llevaba a sus hijos con él
cuando pescaba.

Ralph estudió la vida del presidente Abraham Lincoln. Admiraba al presidente Lincoln porque éste creía en la **libertad** y la **democracia**. El presidente Lincoln defendió los derechos de los afroamericanos en la American Civil War (Guerra Civil Estadounidense). Ralph escribió artículos para revistas sobre Lincoln.

También se interesaba en lo que hacía especiales a los estadounidenses. En un artículo para una revista, Ralph escribió: "Cuando nosotros [los nuevos **inmigrantes**] llegamos a los EE.UU., nos transformamos en nuevas personas, y hemos dejado todo atrás. Nos hemos transformado en hombres y mujeres nuevos con nuevos intereses, **devociones** y **lealtades**". Su convicción acerca de que la gente que viene a los Estados Unidos deja atrás sus viejas lealtades y se vuelve estadounidense, lo ayudó a apoyar y defender a los japoneses-americanos durante la World War II.

Gobernado Carr

Luego de 11 años en Antonito, Ralph mudó a su familia a Denver. Trabajó como **Fiscal General** Asistente de Colorado. Hizo un buen trabajo y, en 1929, el presidente Herbert Hoover lo seleccionó para que fuera el Fiscal Federal para Colorado. Ralph Carr y el presidente Herbert Hoover mantuvieron su amistad por el resto de sus vidas. Durante el período en que se desempeñaba como Fiscal Federal, su esposa murió de diabetes; Ralph se transformó en padre soltero de sus dos hijos adolescentes. La muerte de Gretchen fue repentina e inesperada; Ralph estaba muy triste. Once años más tarde, poco después de la World War II, Ralph Carr conoció y se casó con su segunda esposa, Eleanor Fairall Carr. Él la llamaba "la dama joven más adorable de Colorado".

Algunos de sus amigos le pidieron que se postulara como gobernador de Colorado.

A él le gustó la idea. En 1938, Ralph Carr fue electo gobernador. Era Republicano. Los afroamericanos y los hispanos lo ayudaron a ganar las elecciones. Ralph era popular porque apoyaba los derechos de los trabajadores y porque era un hombre con **ética**. Ralph fue electo por dos años y luego reelecto por dos años más.

Los japoneses-americanos durante la World War II

Cuando Ralph era gobernador, Japón atacó Pearl Harbor. La gente pensaba que era posible que los japoneses-americanos trataran de ayudar al gobierno japonés. Al gobierno de los Estados Unidos le preocupaba que los japoneses-americanos pudieran ser espías. Los Estados Unidos era el hogar de los japoneses-americanos. Apoyaban a los Estados Unidos en la guerra pero el gobierno estadounidense no confiaba en ellos.

El gobernador Carr sí confiaba en la lealtad de los japoneses-americanos hacia los Estados Unidos. Los invitó a venir a Colorado. Les ofreció un lugar para vivir durante la guerra. Otros gobernadores se negaron a permitir que los japoneses-americanos se mudaran a sus estados debido a que mucha gente los consideraba peligrosos. Algunas personas

Los japoneses-americanos que vivían en Colorado durante la
World War II (Segunda Guerra Mundial) no fueron enviados
a los campos de concentración. Se sacó la foto de este grupo
de ciudadanos japoneses-americanos frente a las oficinas del
periódico Colorado Times *en Denver entre 1916 y 1920.*

expresaban su odio hacia ellos. Otras
decían que les harían daño a los japoneses-
americanos. A los japoneses-americanos
de California se les obligó a abandonar sus
hogares, pero no tenían a donde ir.

El gobierno Federal decidió forzar a los
japoneses-americanos y a sus familias a vivir
en **campos de concentración**. El gobernador

Carr pensaba que los campos de concentración no eran necesarios. Creía que los japoneses-americanos debían ser ciudadanos libres. Todos los japoneses-americanos que ya vivían en Colorado continuaron viviendo como ciudadanos libres. Ralph Carr se negó a enviarlos a vivir en campos de concentración.

Se construyó un campo de concentración en Colorado. El **Amache Japanese Internment Camp (Campo de Concentración Japonés Amache)** de Colorado se construyó para albergar a los japoneses-americanos provenientes de California. Amache se encontraba en las planicies occidentales de Colorado. El área se encontraba repleta de artemisa y de serpientes de cascabel. El gobierno estableció un **cuartel militar**. Alambre de púas y soldados armados rodeaban el campamento. Poco después de su construcción, 10.000 hombres, mujeres y niños japoneses-americanos vivieron en el campamento.

El Amache Japanese Internment Camp (Campo de Concentración Japonés Amache) para los japoneses-americanos de California se construyó en el sureste de Colorado. Se convirtió rápidamente en la tercera ciudad más grande de Colorado. Se obligó a las familias japonesas-americanas a vivir en campos de concentración, como Amache, durante la World War II (Segunda Guerra Mundial).

La mayor parte de la gente no quería que ningún japonés-americano viviera en Colorado. El gobernador Carr exhortaba a la población de Colorado para que tratara a los japoneses como vecinos. Él les ofreció su amistad. Le ofreció un discurso a un grupo de personas enojadas y asustadas.

Ralph Carr 15

El gobernador Carr les dijo: "A los japoneses los protege la misma constitución que nos protege a nosotros. Los ciudadanos estadounidenses de **ascendencia** japonesa cuentan con los mismos derechos que cualquier otro ciudadano. Si ustedes les causan daño, me causan daño a mí. El odio racial amenaza tu felicidad, y la tuya y la tuya". También dijo: "En Colorado, ellos contarán con total protección".

El gobernador Carr tenia la firme convicción de que a los japoneses-americanos se les debía tratar como a todos los demás estadounidenses. El gobernador Carr les pidió a los japoneses-americanos del Amache Japanese Internment Camp que lo ayudaran a cosechar los cultivos de Colorado. Muchos trabajadores agrícolas se encontraban combatiendo en la guerra y los granjeros necesitaban ayuda. Se aseguró de que a los japoneses-americanos se les pagara la misma cantidad de dinero por su labor que a los demás trabajadores agrícolas. Dio el ejemplo cuando contrató a una japonesa-americana para que trabajara como su ama de llaves. Continuó hablando en contra de los campos de concentración y apoyando los derechos de los japoneses-americanos.

En 1942, Ralph Carr decidió postularse para senador de los Estados Unidos en lugar de gobernador. Fue una contienda reñida, pero perdió las elecciones. Muchos pensaron que había perdido por su apoyo a los japoneses-americanos. Carr volvió a trabajar como abogado. A pesar de haber perdido las elecciones, continuó involucrándose en la política de Colorado.

En 1950, Ralph Carr decidió volverse a postular como candidato a la gubernatura. A sólo 30 días de las elecciones, Ralph Carr murió de diabetes a la edad de 62 años. Al día siguiente, las banderas de Colorado se izaron a **media asta.** Miles de personas se presentaron en el Colorado State Capitol (Capitolio del Estado de Colorado) para pasar junto a su féretro. El gobernador Johnson, de Colorado, afirmó: "Colorado ha perdido a un gran hombre".

Miles de personas desfilaron frente al féretro abierto de Ralph Carr en el Colorado State Capitol (Capitolio del Estado de Colorado). Se le recuerda como una persona que luchó por la justicia.

Cortesía de DPL, Western History Collection, Z-3903

El legado de Ralph Carr

La actitud de Ralph Carr hacia los japoneses-americanos resultó ser la correcta. No hubo *ningún* caso en el que los japoneses-americanos espiaran a favor de Japón. Los soldados japoneses-americanos lucharon valientemente por los Estados Unidos durante la World War II.

En 1988, 44 años después de la World War II, el gobierno de los Estados Unidos. le pidió perdón a la comunidad japonesa-americana por haberla obligado a vivir en campos de concentración. El gobierno ofreció disculpas por el **racismo** y la discriminación a los que se enfrentaron los japoneses-americanos durante la World War II. El presidente Ronald Reagan dijo: "Admitimos nuestro error".

En 1999, el *Denver Post* eligió a una persona como Persona del Siglo. De todos los extraordinarios habitantes de Colorado, el personal del periódico eligió a Ralph Carr. El periódico lo eligió porque defendió su convicción en hacer lo correcto, aun cuando al hacerlo no contara con el apoyo de la mayoría.

Los japoneses-americanos de Colorado recordaron al hombre que defendió sus derechos. Colocaron una estatua de él en la Sakura Square (Plaza Sakura), en el centro de Denver. En otro homenaje, la ciudad de Denver le asignó el nombre a un nuevo edificio de tribunales en honor de Ralph Carr.

En otra área de Denver, una placa en el Colorado State Capitol afirma lo siguiente sobre Ralph Carr:

Dedicado al gobernador Ralph Carr, un hombre sabio y humanitario, que no se dejaba influir por la histeria y la intolerancia dirigida en contra de los japoneses-americanos

Los ciudadanos japoneses-americanos de Colorado pagaron para que erigir esta estatua de Ralph Carr en la Sakura Square (Plaza Sakura) en el centro de Denver. Ésta honra al gobernador que los ayudó durante la World War II (Segunda Guerra Mundial).

durante la World War II.

Gracias a sus iniciativas humanitarias, no se
privó de sus derechos básicos
a ningún residente de Colorado de
ascendencia japonesa,
y cuando nadie más aceptaba a los japoneses
evacuados de la Costa Oeste,
sino en confinamiento en campos de
concentración,
el gobernador Carr les abrió las puertas y los
acogió en Colorado.
El espíritu de sus obras vivirá en los corazones
de los verdaderos estadounidenses.

Presentado en octubre de 1974
por la comunidad japonesa de la Oriental
Culture Society of Colorado (Sociedad de
Cultura Oriental de Colorado)

Preguntas en qué pensar

- ¿Cómo ayudó Ralph Carr a su familia pobre cuando tenía sólo seis años de edad?

- ¿Qué presidente de los Estados Unidos fue amigo de Ralph Carr?

- ¿Cómo les mostró Ralph Carr su amabilidad a los japoneses-americanos enviados a Colorado durante la World War II?

Preguntas para los Jóvenes Chautauquans

- ¿Por qué se me recuerda (o debo ser recordado) a través de la historia?

- ¿A qué adversidades me enfrenté y cómo las superé?

- ¿Cuál es mi contexto histórico? (¿Qué más sucedía en la época en que yo vivía?)

Glosario

Amache Japanese Internment Camp (Campo de Concentración Japonés Amache): campamento erigido cerca de Granada en el sureste de Colorado. Se forzó a los japoneses-americanos de California a vivir en este lugar durante la World War II (Segunda Guerra Mundial). El campo recibió su nombre en honor a un líder indígena estadounidense.

Ascendencia: origen de los padres o de otros miembros de mayor edad de la familia de una persona.

Campos de concentración: campos establecidos en el oeste de los Estados Unidos para reubicar a los ciudadanos japoneses-americanos que vivían en la costa oeste. Los diez campos de concentración tenían barracas en las que vivían las familias, y estaban rodeados por soldados armados.

Cuartel militar: residencia rudimentaria o albergue que el ejército les provee a los soldados.

Democracia: creencia en la práctica o de la idea de que todas las personas son socialmente iguales y también, el gobierno por la gente, especialmente la mayoría gobierna.

Devociones: sentimientos intensos de afecto o dedicación.

Discriminación: tratar injustamente a los demás debido a su raza u a otra característica que no pueden cambiar.

Ética: que sigue las reglas establecidas sobre lo que está bien y lo que está mal.

Fiscal General: funcionario principal de la ley de un estado o país.

Inmigrantes: gente que deja un país para establecerse en otro.

Japoneses-americanos: gente de ascendencia japonesa que nació en los Estados Unidos o que ha obtenido la ciudadanía estadounidense. Los japoneses-americanos son ciudadanos estadounidenses.

Lealtades: sentimientos intensos de apoyo hacia alguien o hacia alguna causa, país u organización.

Libertad: tener la libertad para hacer lo que uno quiera dentro de la ley.

Media asta: cuando las banderas se izan hasta la mitad del asta, para homenajear a las personas importantes que han muerto.

Pearl Harbor: ubicación de una base naval en Hawai donde el gobierno de los Estados Unidos guardaba barcos, aeroplanos y equipo militar.

Prejuicios: juicio, suposición u opinión sin base en hechos reales. Los prejuicios pueden conducir al odio, miedo o desconfianza de personas o grupos.

Racismo: aversión u odio hacia los demás por causa de su raza.

World War II (Segunda Guerra Mundial): guerra que tuvo lugar entre 1939 y 1945. Los Estados Unidos peleó contra Japón, Alemania e Italia. Los Estados Unidos, junto a Gran Bretaña, Francia y la Unión Soviética, ganó la guerra en 1945.

Línea cronológica

1887
Ralph Carr nació en
Rosita, Colorado.

1905
Ralph se graduó de la
Cripple Creek High School
(Escuela Preparatoria Cripple
Creek). Ralph ingresó a
la University of Colorado
(Universidad de Colorado).

1912
Ralph se graduó de la
University of Colorado Law
School (Facultad de Leyes de
la Universidad de Colorado).

1913
Ralph se casó con
Gretchen Fowler.

1913–1916
Ralph trabajó como
abogado y como reportero
para el periódico.

1916–1924
Ralph abrió un despacho
de abogados en Antonito.
Se mudó a Denver para
trabajar como Fiscal General
Asistente.

1927
Ralph fue nombrado
Fiscal Federal.

1937
Gretchen Carr murió
súbitamente.

Línea cronológica

1938
Ralph fue electo
gobernador de Colorado.

1940
Ralph fue reelecto
gobernador de Colorado.

1941
Japón atacó Pearl Harbor.

1942-1945
Los japoneses-americanos
fueron obligados a vivir en
campos de concentración.

1942
Ralph perdió las elecciones
para el U.S. Senate (Senado
de los Estados Unidos).

1948
Ralph se casó con
Eleanor Fairall.

1943–1949
Ralph trabajó en Rangely,
Colorado, como abogado y
como reportero para
el periódico.

1950
Ralph consideró
postularse para gobernador
de Colorado. Ralph
murió a los 62 años de
edad de diabetes.

Bibliografía

Amole, Gene. "Insightful Guv Gets Hero's Vote." *Rocky Mountain News*, 10 diciembre de 1987.

Briggs, Bill. "Century Standout: Gov. Ralph Carr Opposed Japanese Internment." *Denver Post*, 16 junio de 1958.

Carr, Ralph. "Colorado's Part in the War Effort." *The Colorado State Federation of Labor, 1942 Yearbook*. Documentos de Denver Public Library Western History.

Carr, Ralph. "Correspondence Files." http://www.colorado.gov/dpa/doit/archives/wwcod/granada4.htm.

Castellano, John S. "Governor Ralph L. Carr: A Remembrance." *The Colorado Lawyer*, diciembre de 1991.

Harvey, Robert. *Amache: The Story of Japanese Internment in Colorado during World War II*. Dallas: Taylor Trade Publishing, 2004.

Lamm, Richard, and Duane Smith. *Pioneers and Politicians: Colorado Governors in Profile*. Golden, Colorado: Fulcrum Publishing, 2008.

Marganzino, Pasquale. "Ralph Carr Dies! His Passing Tangles State GOP Politics." *Rocky Mountain News*, 23 septiembre de 1950.

Sakurai, Gail. *Japanese American Internment Camps—Cornerstones of Freedom, Second Series.* New York: Wayfinder Press, 2002.

Schrager, Adam. "He Stood Up While Others Sat." *Denver Post,* 16 junio de 1958.

Schrager, Adam. *The Principled Politician: The Ralph Carr Story.* Golden, Colorado: Fulcrum Publishing, 2008.

Wei, William. "Simply a Question of Patriotism: Governor Ralph L. Carr and the Japanese Americans." *Colorado Heritage Magazine*, invierno de 2002.

Wood, Richard E. *Here Lies Colorado*: *Fascinating Figures in Colorado History*. Helena, Montana: Farcountry Press, 2005.

Bibliografía

Índice

Sobre esta serie

En 2008, Colorado Humanities y el Departamento de Estudios Sociales de las Escuelas Públicas de Denver (DPS) iniciaron una asociación para ofrecer el programa Young Chautauqua de Colorado Humanities en DPS y crear una serie de biografías de personajes históricos de Colorado escritas por maestros para jóvenes lectores. Al proyecto se le llamó "Writing Biographies for Young People." Filter Press se unió al esfuerzo para publicar las biografías en 2010.

Los maestros asistieron a seminarios, aprendieron de conferenciantes y autores Chautauqua de Colorado Humanities y recorrieron tres grandes bibliotecas de Denver: La Biblioteca Hart en History Colorado, el Departamento de Historia del Oeste/Genealogía de la Biblioteca Pública de Denver y la Biblioteca Blair-Caldwell de Investigaciones Afro-americanas. La meta era escribir biografías usando las mismas aptitudes que les pedimos a los estudiantes: identificar y ubicar fuentes de información de alta calidad para la investigación, documentar esas fuentes de información y seleccionar la información apropiada contenida en las fuentes de información.

Lo que tienes ahora en tus manos es la culminación de los esfuerzos de estos maestros. Con esta colección de biografías apropiadas para los jóvenes lectores, los estudiantes podrán leer e investigar por sí solos, aprender aptitudes valiosas para la investigación, y escribir a temprana edad. Mientras leen cada una de las biografías, los estudiantes obtienen conocimientos y aprecio por los esfuerzos y adversidades superadas

por la gente de nuestro pasado, el período en el
que vivieron y el porqué deben ser recordados en la
historia.

El conocimiento es poder. Esperamos que este
conjunto de biografías ayude a que los estudiantes de
Colorado se den cuenta de la emoción que se siente al
aprender historia a través de las biografías.

Se puede obtener información sobre esta serie de
cualquiera de estos tres socios:
Filter Press en www.FilterPressBooks.com
Colorado Humanities en www.ColoradoHumanities.org
Escuelas Públicas de Denver en http://curriculum.dpsk12.org

Reconocimientos

Colorado Humanities y las Escuelas Públicas de Denver hacen un reconocimiento a las muchas personas y organizaciones que ha contribuido para hacer realidad la serie Grandes vidas en la Historia de Colorado. Entre ellas se encuentran:

Los maestros que aceptaron el reto de escribir las biografías

Margaret Coval, Directora Ejecutiva de Colorado Humanities

Josephine Jones, Directora de Programas de Colorado Humanities

Betty Jo Brenner, Coordinadora de Programas de Colorado Humanities

Michelle Delgado, Coordinadora de Estudios Sociales para kindergarten a 5º grado, de las Escuelas Públicas de Denver

Elma Ruiz, Coordinadora de Estudios Sociales 2005-2009, para kindergarten a 5º grado, de las Escuelas Públicas de Denver

Joel' Bradley, Coordinador de Proyectos de las Escuelas Públicas de Denver

El equipo de Servicios de Traducción e Interpretación, de la Oficina de Enlaces Multiculturales de las Escuelas Públicas de Denver

Nelson Molina, Preparador/entrenador del programa de Capacitación Profesional de ELA y Persona de Enlace Escolar de las Escuelas Públicas de Denver

John Stansfield, narrador de cuentos, escritor y líder experto del Instituto para maestros

Tom Meier, autor e historiador de los Arapaho

Celinda Reynolds Kaelin, autora y experta en la cultura Ute

National Park Service, Sitio Histórico Nacional Bent's Old Fort

Daniel Blegen, autor y experto en Bent's Fort

Biblioteca de Investigaciones Afroamericanas Blair-Caldwell

Coi Drummond-Gehrig, Departamento de Historia/ Genealogía Occidental de la Biblioteca Pública de Denver

Jennifer Vega, Biblioteca Stephen H., de History Colorado

Dr. Bruce Paton, autor y experto Zebulon Pike

Dr. Tom Noel, autor e historiador de Colorado

Susan Marie Frontczak, oradora chautauqua y capacitadora de la Juventud Chautauqua

Mary Jane Bradbury, oradora chautauqua y capacitadora de la Juventud Chautauqua

Dr. James Walsh, orador chautauqua y capacitador de la Juventud Chautauqua

Richard Marold, orador chautauqua y capacitador de la Juventud Chautauqua

Doris McCraw, autora y experta en materia de Helen Hunt Jackson

Kathy Naples, oradora chautauqua y experta en materia de Doc Susie

Tim Brenner, editor

Debra Faulkner, historiadora y archivista, Hotel Brown Palace

Kathleen Esmiol, autora y oradora del Instituto de Maestros Vivian Sheldon Epstein, autora y oradora del Instituto de Maestros